Copyright © 2018 de Lenn Vincent GmbH.
Tutti i diritti riservati. Questo libro o parte di esso non può essere riprodotto o utilizzato in alcun modo senza l'espressa autorizzazione scritta dell'editore. fatta eccezione per l'uso di brevi citazioni in una rivista libraria.

ISBN 978-3-907098-48-6

www.leonardoleopardo.it

Leonardo Leopardo
E I SUOI PRIMI SOLDINI

Autore
MELANIE ROEMER

Illustrazioni di
JUN-PIERRE SHIOZAWA

"La scuola è finita. Evviva!"
Leonardo e la sua amica Maya si precipitano nel cortile della scuola. È molto felice perché ancora una volta Maya ha il permesso di andare a fare la spesa con lui e suo padre. A Leonardo piace sempre quando Maya si unisce a loro. Il papà di Leonardo li aspetta nel parcheggio.
"Ehilà voi due. Siete pronti a fare la spesa"? li salutò suo padre.
Leonardo e Maya felici saltano in macchina subito. "Leonardo, allacciati la cintura in fretta," lo riprese Maya.
"Siete tutti allacciati"? Il papà si girò a controllare, e poi partirono.

Arrivati al negozio di alimentari, Leonardo ha un'idea. "Maya, prendiamo il carrello della spesa. Così possiamo fare acquisti come i nostri genitori. Papà, possiamo"? chiede Leonardo.

"Ok, questa è una grande idea. Voi due mi potete aiutare a fare acquisti", concorda suo padre.

Leonardo e Maya prendono il carrello della spesa. I due trovano quasi tutte le cose dalla lista della spesa e le mettono nel carrello.

Poi Leonardo e Maya passano vicino un ripiano con dei mattoncini. "Hmm, amo i mattoncini," disse Maya. "Anche me, ma papà sicuramente non li compra per noi", risponde Leonardo.
Ma Maya ha un'idea. "Pssst," dice a Leonardo e nasconde una scatola sotto le altre cose nel carrello della spesa. "Nessuno lo noterà", assicura Leonardo.
Leonardo non ha un buon presentimento. Sentendosi in colpa, Leonardo spinge il carrello verso la cassa. Sa che a suo padre non piace quando fa cose del genere

Insieme cominciano a posizionare gli articoli sul nastro della cassa. Il papà di Leonardo guarda Maya e Leonardo con un sorriso felice. "Grazie per il vostro aiuto, è stato super veloce con voi due"!
Senza pensarci molto, Leonardo tira fuori la scatola. "Papà, Maya ed io volevamo comprarli. Possiamo?" Leonardo chiede educatamente. Leonardo si sente male. Si sente come se stesse prendendo in giro suo padre.
"Eh no! Leonardo, credo sia un bel gesto essere onesto con me. Ma avete abbastanza mattoncini e, inoltre, questi sono molto troppo costosi. Rimetteteli al loro posto".
Leonardo deluso e un po' imbronciato restituisce la scatola.

Leonardo e suo padre portano Maya a casa e si dirigono verso il posto di lavoro di papà e mamma di Leonardo. I due hanno una propria società. Leonardo non sa esattamente cosa fanno nella loro azienda. Tuttavia, gli piace stare lì.

In azienda, Leonardo corre per trovare sua sorella maggiore Lilly. Lilly aiuta mamma e papà in azienda.

Lilly sente Leonardo da lontano ed è felice di vederlo. Abbraccia Leonardo e poi Leonardo si siede al suo posto abituale alla scrivania.

"Leo, cosa hai fatto oggi"? Chiede Lilly.
"Maya ed io abbiamo aiutato papà con lo shopping. Eravamo molto più veloci di lui. Quasi tutto era nel nostro carrello della spesa".
"Sembra fantastico ", dice Lilly.
"Ma è stato molto cattivo, Lilly. Maya ed io volevamo comprare dei mattoncini, ma papà ha detto di no. Vorrei poter prendere solo le cose che voglio! Gli adulti possono fare anche questo!"
"Beh, Leonardo questo non è giusto. Il papà ha dato i soldi alla cassa, giusto"? Chiede Lilly.
"Forse non lo so, forse". Leonardo mormora.
"Sono sicuro che papà ha pagato con soldi. Non può solo prendere le cose", spiega Lilly.

"Perché esiste il denaro? Chiede Leonardo. "Senza soldi tutto sarebbe molto più facile".

Lilly sospirando risponde "Se il denaro non esistesse, tutti potrebbero prendere quello che vogliono. Allora nessuno avrebbe nulla che gli appartiene veramente. Per esempio, Maya potrebbe prendere il tuo libretto di Dino a casa perché non sarebbe il tuo".

"Ma il libretto di Dino è mio", risponde immediatamente Leonardo.

Lilly guardando Leonardo con comprensione, "Sai perché il libretto di Dino ti appartiene?"

Leonardo pensa. Mamma e papà gli regalarono il libretto per il suo compleanno.

"Perché mamma e papà me lo hanno regalato per il mio quinto compleanno", risponde Leonardo.

"Giusto. Ti hanno regalato il libretto. Ma hanno dovuto andare al negozio e comprarlo prima".

"Lo sai, Leonardo, per avere il tuo libretto, mamma e papà scambiarono dei soldini con il negoziante per il libro".
"OK, quindi se voglio comprare i mattoncini, ho bisogno di soldi", realizza Leonardo.
"Dove trovo i soldi?
"Quando si lavora si ricevono dei soldi. Io lavoro qui e ricevo dei soldi. Se non lavoro, non ho soldi. È lo stesso per mamma e papà", spiega Lilly.
"Vorrei anche io lavorare qui", dice Leonardo.
"Certo, puoi aiutarmi. Ti darò un pezzo di carta e vai da tutte le persone in ufficio e gli chiedi di firmarlo. Quando hai finito, ho molto altro da fare." Sembra bello, pensa Leonardo, e corse fuori con la carta.

Nel pomeriggio era ora di tornare a casa.
"Leonardo, tu sei stato un grande aiuto per me oggi. Ecco i tuoi soldini. Ecco prendi questi due euro.
Leonardo è molto orgoglioso di aver guadagnato i suoi primi soldini. Lilly chiede: "Sai cosa vuoi fare con i tuoi due euro? Leonardo pensa. "Hmm, se acquisto i mattoncini, i miei due euro spariranno, giusto? In realtà, ho ancora mattoncini a casa. Devo spendere per forza due euro?
"No. Se vuoi puoi risparmiare i soldini fino a quando non saprai cosa vuoi comprarti veramente. Hai lavorato per questo, quindi dovresti pensarci bene".

Non appena Leonardo arriva a casa, corre immediatamente nella sua stanza. In un angolo si nasconde un salvadanaio impolverato. Lo scuote avanti e indietro. Hmm - è vuoto. Poi mette i suoi primi soldini nel salvadanaio. D'ora in poi, vuole mettere tutti i suoi guadagni lì. Lo farà finché non potrà comprare qualcosa che vuole veramente. Un nuovo giocattolo? Oppure... un monopattino? Vedremo.

www.ingramcontent.com/pod-product-compliance
Lightning Source LLC
Chambersburg PA
CBHW040035050426
42453CB00003B/122